ara qué sirve un # ADVERBIO?

Texto de JUANA INÉS DEHESA

Ilustraciones de BEF

editorial serpentin

COLECCIÓN

CAJA DE HERRAMIENTAS

© JUANA INÉS DEHESA
© BERNARDO FERNÁNDEZ por las ilustraciones

Primera edición Editorial Serpentina, 2008

Concept based on the series *Words Are CATegorical,* authored by Brian P. Cleary
and published by Lerner Publishing Group, Minneapolis, Minnesota, U.S.A.
Concepto de la colección basado en la serie *Words Are CATegorical,* del autor Brian P. Cleary,
publicada por Lerner Publishing Group, Minneapolis, Minnesota, U.S.A.

D.R. © Editorial Serpentina, S.A. de C.V.,
        Santa Margarita 430, colonia Del Valle,
        03100 México, D.F. Tel/Fax (55) 5559 8338/8267
        www.serpentina.com.mx
        www.editorialserpentina.com

ISBN: 978-968-5950-34-3

IMPRESO Y HECHO EN MÉXICO
PRINTED IN MEXICO

Si Arturo persigue a María **eternamente**,

si Laura decide volar **de repente**,

si Pedro **hoy no** sabe si salir al mar,

todo eso un adverbio lo puede explicar.

Aquí, **allá**, **allí** y **acullá**,

arriba, **debajo**, **encima** y **detrás**,

más pronto o **más tarde**, tú **ya** aprenderás,

todos son adverbios, ¡**ahora** lo verás!

Adverbios se llaman, pues van **junto** al verbo,

como cuando digo "yo lloro **en silencio**"

"les dará **mucha** hambre", "estoy **enseguida**",

"mira tú esa mona, ¡viene **bien** dormida!"

Adverbios hay chicos, medianos y grandes,

hay unos enormes, inconmensurables,

suelen ser aquellos que acaban en mente:

"Me he enamorado de ti **locamente.**"

Adverbios de tiempo son los que nos dicen

cuándo pasa algo: "**Ahora** me abriste",

"nos vemos **mañana**", "me seco **después**",

O "pinto las caras **en un santiamén**".

Adverbios de modo suelen indicar

cómo se hace algo: "Me siento **fatal**",

"**a tontas y a locas** quiero recitar",

"qué **bien** se ha portado este neanderthal".

También hay adverbios que son de lugar:

"**Aquí** me ha gustado venir a cantar",

"**encima de todos** está el capitán"

o "vente **más cerca**, te quiero abrazar".

Por último quedan los de cantidad:

"Quiero **más** verduras", "quiero **menos** pan",

"**ni mucho ni poco** me gusta el cancán",

"corrí **demasiado**, ¡me siento explotar!"

Los adverbios dicen cómo, cuándo y dónde,

dicen **sí** o **no**, y a ¿cuánto? responden.

Así que si quieres tú **muy propio** ser,

todos sus secretos debes conocer.

Pues **nunca** es lo mismo ir **hoy** que **mañana**,

portarse **muy bien** que estar **lleno de mañas**,

mirar **con horror**, observar **con arrobo**,

sentarse **detrás** que **frente** a la pantalla.

Con tino el adverbio hace florecer

la frase completa: "Camino **a placer**",

"**a diestra y siniestra** me siento enmohecer",

"**prontito** unas flores te voy a ofrecer".

Así, cuando digas: "Te esperaré **siempre**";

"el sol, cuando brilla, zumba **ardientemente**",

o "sírveme **poco**, que **poco** me gusta",

recuerda al adverbio, ¡**tan** útil que asusta!

Aquí ya concluye mi disertación,

si **acaso sin habla** te deja, ¡valor!,

sólo piensa **bien** qué adverbios usar,

y **sin arredrarte** comienza a rimar.

¿para qué sirve un **ADVERBIO**?

SE TERMINÓ DE IMPRIMIR EN
EL MES DE AGOSTO DE 2008 EN
EDITORIAL IMPRESORA APOLO,
S.A. DE C.V., CON DOMICILIO
EN LA CALLE DE CENTENO 162,
COLONIA GRANJAS ESMERALDA,
EN LA CIUDAD DE MÉXICO.